पूरे-अधूरे

कविता संग्रह

Shalini Narang

BookLeaf Publishing
India | USA | UK

Made with ❤ on the BookLeaf Publishing Platform
www.bookleafpub.in
www.bookleafpub.com

Dedication

मेरा कविता संग्रह "पूरे अधूरे" पुस्तक, प्रेम की उस यात्रा को दर्शाती है जो अक्सर पूरी नहीं होती, किंतु अपूर्ण होकर भी संपूर्ण महसूस होती है।

यह पुस्तक उन सभी अनकहे शब्दों,अनछुए एहसासों,और अधूरी कहानियों को समर्पित है जो प्रेम में पूर्ण होकर भी कहीं न कहीं किसी स्वरूप में अपूर्ण रहीं।

और उन्हें,
जिन्होंने चाहा,लेकिन कभी कह न सके।

Preface

भूमिका-

"पूरे-अधूरे" एक ऐसा भावनात्मक कविता संग्रह है जिसमे प्रेम के विभिन्न रंग हैं - मिलने की खुशी,बिछड़ने की पीड़ा,इंतजार की तपिश और यादों की ठंडक।

ये कविताएं मेरे मन के कोनो में लंबे समय से पल रही थीं - कुछ शब्दों में ढल गईं, और कुछ बस महसूस हो कर सदा के लिए मुझ में रह गईं।

यह संग्रह न केवल प्रेम को समर्पित है, बल्कि उन भावनाओं को भी आवाज़ देता है जिन्हें हम अक्सर खुद से भी नहीं कह पाते अथवा उन भावनाओं के प्रति सदैव अपने आप को संकोच में पाते हैं।

अगर इन पंक्तियों में आपको अपनी कोई अधूरी बात, कोई भूली हुई मुस्कान या कोई अनकहा सा दर्द मिल जाए - तो मैं समझूंगी, यह किताब अपने उद्देश्य में सफल रही।

Acknowledgements

आभार -

सबसे पहले मैं उन सभी पाठकों का धन्यवाद करती हूं, जिनकी संवेदनशीलता और प्रेम ने मुझे यह संग्रह लिखने का साहस दिया।

विशेष आभार मेरे माता पिता का,
जिनकी कविताएं मेरी पहली प्रेरणा बनीं, और जिनकी कविताएं सुन-सुनकर मेरे भीतर भी शब्दों के बीज अंकुरित हुए।
उनकी रचनाएँ न होतीं, तो शायद यह संग्रह भी न होता।

मेरे परिवार और मित्रों का भी आभार, जिन्होंने मेरी चुप्पियों को समझा और शब्दों का इंतजार किया।

और अन्त में उन सभी अधूरी मुलाकातों और खोए पलों का भी शुक्रिया, जो कभी पूरी तरह मेरे नहीं हुए, जिन्होंने इस किताब के हर पन्ने में अपनी परछाई छोड़ी और शायद इसी वजह से,
मेरी हर कविता में बस गए।

1. जहां तक याद ले जाए

जहां तक याद ले जाए
नज़र में ख़्वाब भर जाएं
जहां,धुंधले पड़े पन्नों से
सारी धूल झड़ जाए,
वहां तक पीछे मुड़ कर
देखना फिर जिंदगी को।

कहीं मिल जाएं गर फिर से
वही बचपन की गलियां
उठा लाना कहीं भूला हुआ
कोई ख्वाब मिल जाए
कहीं दिख जाएं गर वो दोस्त
जो अब अजनबी से हैं,
लगा कर फिर गले उनको
गुजरना फिर उन्हीं सड़कों से
कुछ बचपन उठा लाना।

इन्हीं गलियों में कई
त्यौहार और उत्सव मनाए थे
जो रुतबों से नहीं पर
प्यार के रस से सजाए थे
अगर मिल जाएं कुछ

रस से भरे मीठे वो लम्हे
भुला कर सब दिखावे
कुछ वही उत्सव उठा लाना।

वो तारों से भरी रातें
वो खुशबू गीली मिट्टी की
संजो लाना वही मासूमियत
और प्यार सीने में,
वो बरसातों में कागज़ की जो सब
कश्ती बहाईं थीं
अगर मिल जाए रस्ते में फंसी
कश्ती उठा लाना।

जहां तक याद ले जाए
नज़र में ख़्वाब भर जाएं
जहां,धुंधले पड़े पन्नों से
सारी धूल झड़ जाए,
वहां तक पीछे मुड़ कर
देखना फिर जिंदगी को।

2. पूरे-अधूरे

वो जो कुछ भी
अधूरा रह गया है
सिमट गया
यहीं मुझ ही में कहीं
अधूरे चित्र,
कुछ रेखाएं,
कुछ बातें अधूरी
तेरे लिए लिखे कुछ गीत
आधे रह गए हैं।

तेरा आना ही धोखा था,
तेरा जाना तो तय था
सफर था चंद लम्हों का,
गुजर जाना तो तय था,
तेरे आधे- अधूरे वक्त के एहसास पूरे हैं,
कई खिलते- महकते ख्वाब आधे रह गए हैं।

सभी कुछ था,सभी कुछ है
कहीं कोई कमी कब थी
न जाने क्यों लगा लगने
तेरे जाने से मुझको,
किन्हीं फूलों पे चढ़ते रंग आधे रह गए हैं।

अधूरे चित्र,
कुछ रेखाएं,
कुछ बातें अधूरी
तेरे लिए लिखे कुछ गीत
आधे रह गए हैं।

3. कलम भरी है अभी

कलम भरी है अभी
मुख्तलिफ तजुर्बों से
हर्फ उभरेंगे कागजों पे
अब किस्से बन कर
कहेगा कौन - क्या
अच्छा या बुरा मत ढूंढो...

कहीं जो रह गया हो
कोई गिला रहने दो
छोड़ दो,
बीती कहानी का
सिला मत ढूंढो...

सफा पन्नों पे मिलेंगी
कई रूमानी गजल
दिल के एहसास सभी
वहीं कहीं रहने दो
वो शहर, वो गलियां
और वो मकां मत ढूंढो ...

जिंदगी गुजर रही है
उसे गुजरने दो.

गए वक्त का अब
लम्हा लम्हा मत ढूंढो
छोड़ दो,
बीती कहानी का
सिला मत ढूंढो...

न मिटे हैं, ना मिटेंगे
कभी कदमों के निशां
कहां हुई थी खता
अब वो सफहे मत ढूंढो...

बिखेर दो - गुलिस्तां में
अपने उल्फत-ए - गुल
कौन - लौटाए वो
महके गुलाब मत ढूंढो...

जिंदगी गुजर रही है
उसे गुजरने दो
कहीं जो रह गया हो
कोई गिला रहने दो
छोड़ दो,
बीती कहानी का
सिला मत ढूंढो...

कलम भरी है अभी
मुख्तलिफ तजुर्बों से
हर्फ उभरेंगे कागजों पे

अब किस्से बन कर
कहेगा कौन - क्या
अच्छा या बुरा मत ढूंढो ...

4. फिर एक शाम

ऊंचे दरख़्तों पर सुस्ता रही
हल्की सुनहरी किरणे
आंगन में यूँ पसरने लगी हैं कि जैसे
पैर फैलाए नर्म सोंधी मिट्टी पर
मिटा रही हो दिन भर तपिश

ढलते सूरज का सिंदूरी रंग
खिल रहा है फूलों पर और
हवाओं के झोंके महकने लगे हैं।

धुल रही हैं तुम्हारी पेशानी से,
थकन की महीन रेखाएं जैसे
आंगन में खड़े अमलतास से
फिसल रहे हैं कुछ
चंद आखिरी टुकड़े धूप के।

तुम्हारे तुम और मेरे मैं के बीच
अठखेलियां करती,फिर एक शाम
दिन भर की कहानियां बटोर
अंगीठी पर चढ़ी खीर में घुलकर
मिठास देने लगी है।

मेरी हथेलियों में सौंप दी है तुमने
अपने दिनभर की कश्मकश,

और तुम्हारी आँखों में
गुलाबी शाम के रंग उतरने लगे हैं।

5. तुम आये

तुम आये,
आकर ठहर गए
मेरे, तन- मन
और जीवन में
क्षण-क्षण कर
कितने पहर गए
तुम आये,
आकर ठहर गए...

तुम बिन गुज़रे कितने मौसम,
कुछ खिली धूप से,
कुछ थे नम,
लेकर सब इंद्रधनुष के रंग
तुम आये,
आकर ठहर गए...

चाय के मीठे प्यालों में,
शामों के झुके उजालों में,
रूमानी ग़ज़लों गानों में,
पल-पल बढ़ती पहचानों में,
तुम आये,
आकर ठहर गए...

ठहरी हो जैसे चंचलता

निश्छल कोमल मृगछौनों में,
ठहरी हो दीपों की ज्योति
गहरे अंधियारे कोनों में,

तुम ठहर गए कुछ बातों में,
खट्टे मीठे जज़्बातों में,
स्वपनिल से दिन और रातों में,
तुम आये,
आकर ठहर गए...

ठहरी हो जैसे श्वास कोई,
नव जीवन का आभास कोई,
मेरी भीगी मुस्कानों में,
बनकर अपना बेगानों में,
तुम आये,
आकर ठहर गए...

6. मैं तुम से एक रोज़ मिलूँगी

मैं तुम से एक रोज़ मिलूँगी
कब कैसे और कहाँ मिलूँगी
इसका वादा नहीं करूँगी
हाँ, तुमसे एक रोज़ मिलूँगी।

चाँद खिला होगा बादल में
भीगी सी बरसातें होंगी
सोंधी मिट्टी की खुशबू सी
हम दोनो की बातें होंगी...
कब कैसे और कहाँ मिलूँगी
इसका वादा नहीं करूँगी
हाँ, तुमसे एक रोज़ मिलूँगी।

हो सकता है कड़ी धूप में
बिन छतरी के- लकड़ी की एक
बैंच के ऊपर बैठे हों हम
हरे नीम की छाया होगी
हाथों में अखबार के पंखे हवा झलेंगे
हम दोनों की बातें होंगी...
कब कैसे और कहाँ मिलूँगी
इसका वादा नहीं करूँगी
हाँ, तुमसे एक रोज़ मिलूँगी

हो सकता है सर्दी की वो

एक गुलाबी सुबह होगी
कोहरे की चादर में लिपटे,
चाय के कुल्हड़ से उठते
नर्म-गर्म से धुएँ के संग
मीठा बिस्कुट हाथों में ले
हम दोनों की बातें होंगी...
कब कैसे और कहाँ मिलूँगी
इसका वादा नहीं करूँगी
हाँ, तुमसे एक रोज़ मिलूँगी।

हो सकता है पतझड़ में जब
पेड़ों के पत्ते गिरते हैं
दूर किसी लम्बे रस्ते पर
हाथ थाम के साथ चलूंगी
सूखे पीले पत्तों ऊपर
चलने से आवाज़े होंगी
हम दोनों की बातें होंगी...
कब कैसे और कहाँ मिलूँगी
इसका वादा नहीं करूँगी
हाँ, तुमसे एक रोज़ मिलूँगी।

मिल जाऊँ मैं जिस दिन तुमको
जो कुछ भी कहना सुनना हो
तुम कहना - कुछ मैं सुन लूँगी
जाने फिर कब कहाँ मिलूँ मैं
इसका वादा नहीं करूंगी
हाँ, तुमसे एक रोज़ मिलूँगी।

7. प्राण-बन्धु कौन हो तुम

प्राण-बन्धु कौन हो तुम
मन अचेतन सुप्त सा है
सजल नैना झुक रहे हैं
लरजते स्वर रुक रहे हैं
क्यों स्व मेधा लुप्त सा है

मार्ग यह दुर्गम है इतना
सत्य किन्तु विषम कितना
किस तरह इस पर खड़े हम
कुछ कहे बिन ही जुड़े हम...

महक उठी हैं फ़िज़ाएँ
हैं आलौकिक सब दिशाएँ
आसमाँ यह झुक रहा है
समय जैसे रुक रहा है
किन्तु धड़कन रिक्त सी है
श्वास ज्यों अतृप्त सी है
हृदय बन्धन शेष है कुछ
रह गया अवशेष है कुछ...

कल्पना के द्वार खोले
उर प्रफुल्लित, नयन बोले
मीत हो बीते युगों के
स्वप्न या भावी पलों के

मधुरतम संगीत जैसे
प्रज्वलित एक दीप जैसे
पूर्णता का रूप हो तुम
प्राण बन्धु कौन हो तुम

8. तुम साथ रहना बस

जो रूठूँ मैं कभी तुमसे
यूँ ही नाराज़ हो जाऊं

न समझो बात तुम मेरी
न मैं तुमको बता पाऊँ

सुन लेना मेरी खामोशियाँ
और कुछ न कहना बस
यूँ ही तुम साथ रहना बस।

जो तुम नाराज़गी अपनी जताओ
बात ना करके

तुम्हारी हर कही औऱ अनकही
मैं सब समझ लूँगी

ना बदलेगी कभी वो राह
हुए हमराह जिस पर हम

है मेरी आरज़ू एक ये
यूँ ही तुम साथ रहना बस।

ना कोई शर्त है अब
जीतने की उम्र भर तुमसे

ना तुमसे हारने की कुछ
खलिश बाकी रही मुझमें

ना टूटेगा कभी विश्वास जो
तुम पर बना मेरा

न तुम दिल से लगाओ
बेरुखी, गुस्ताखियाँ मेरी।

मुझे बस चाहिए हर पल
तुम्हारा हमकदम होना

जहां तक ले चलें राहें
यूँ ही तुम साथ रहना बस।

9. सुनो!

तुम हर रात
मेरी नींद में
दबे पाँव मत आना
कुछ यूं आना
कि देखूं मैं तुम्हें
आते हुए हर बार
सुनूँ कदमों की आहट
तन बदन हो जाये ये गुलज़ार...

और रोज़ रात मेरे सपने में
जो फूल ले आते हो ना तुम
उनकी खुशबू अगले दिन तक
महकती है मुझमें,
...सुनो! तुम ये फूल लाना
कभी ना भूलना...

जानती हूँ- तुम यूँ ही,
मुस्कुरा कर
जीत लोगे मुझमें चल रही
हर लड़ाई को
हरा दोगे
हर डर, हर वहम, और तन्हाई को
तुम जो एक ख्वाब से
आ बसे हो मुझमें

बस उस ख्वाब से रहना,

जैसे बचपन वाले हाथ
संजोते हैं कागज़ की कश्तियाँ
बिल्कुल वैसे ही संजोया है मैंने तुम्हें,

किसी खिड़की, किसी दरवाज़े से
तुम यथार्थ का लिबास ओढ़े
मेरे पास ना चले आना,

यूँ ना करना
कि पहचान ही ना पाऊँ तुमको
तुम बस वैसा ही रहना
जैसा मैंने सोचा है तुम्हे,

मेरे ख्वाब सा,
कोई अनछुआ अजनबी सा पहलू
ना हो जाना।

...तुम हर रात
मेरी नींद में
दबे पाँव मत आना...

10. इश्क़

इश्क़ सबको समझ नहीं आता
मोहब्बत सबके बस की बात नहीं

ये वो शय है जहाँ,
सुबह-ओ-शब का फर्क नहीं
हर नज़र बस उसी महबूब के उन्स का
फितूर सा है,

इश्क़ चलता ही नहीं रहनुमाई राहों पर
इश्क़ की मन्जिलें जन्नत,इश्क़ का वस्ल उल्फ़त

इश्क़ सबको समझ नहीं आता
मोहब्बत सबके बस की बात नहीं

इश्क़ रुकता नहीं
दीवार-ओ-दर के साये में
इश्क़ को राहे तीरगी का कोई खौफ नहीं

इश्क़ खुद नूर-ए-खुदाई है,
रौशन-ए-चराग़ है इश्क़
इश्क़ खुद ही मुकम्मल जहां,दहर है इश्क़

इश्क़ सबको समझ नहीं आता
मोहब्बत सबके बस की बात नहीं

इश्क़ में बारहा ही जिल्लतें, रुसवाईयाँ हैं
कभी है दर्द, कभी अश्क हैं, तन्हाईयाँ हैं

इश्क़ हर वक़्त आहटों में है तूफानों की
जन्नते राह मोहब्बत की ये आसान नही

इश्क़ सबको समझ नहीं आता
मोहब्बत सबके बस की बात नहीं

सुबह-ओ-शब - day and night, उन्स - love
रहनुमाई - guided, वस्ल - meeting
तीरगी - darkness, मुकम्मल- perfect
दहर - world, बारहा- many times

11. न तुम आये, न चाँद आया

मुक्कमल चाँद से हो तुम
और अब ये चाँद भी तुम सा
अमावस हो रही हूँ मैं
कि मुझमें चाँदनी भरने
न तुम आये,
न चाँद आया...

यूँ सारी रात फिर से
आरज़ू में कट गई तन्हा
बिखर कर मोतियों सा
मन पड़ा है फर्श पर अब तक
मनाने को उसे फिर से
न तुम आये,
न चाँद आया...

वो देखा ख्वाब था जो
कुछ दिनों पहले तुम्हारे संग
उसे कुछ-कुछ अधूरा सा
जहाँ पर छोड़ आये थे
वहाँ तन्हाई है अब तक
अंधेरे में पड़े उस ख्वाब को
फिर रौशनी देने
न तुम आये,
न चाँद आया...

कुछ अपने दिल की
कह दूं मैं
तुम्हारे मन का तुम कह दो
इसी ख्वाहिश में आये थे
जहाँ एक मोड़ तक हमतुम
वहीं हूँ मुन्तज़िर अब तक
कि बा-दस्तूर सी कुर्बत का
फिर थोड़ा यकीं देने
न तुम आये,
न चाँद आया...

12. चलो, फिर अजनबी बन जायें हमदोनों

ना मुझको आरज़ू कोई
ना दिल अपना झुकाना तुम
जो गुज़रेंगे ख़यालों में
उन्हीं लम्हों में आना तुम

जो तुमसे हो सके तो
बस मेरी एक बात रख लेना
मैं जब-जब भूलने बैठू
मुझे भी भूल जाना तुम

किन्हीं, कागज़,ख़यालों में
मुझे बस दर्ज कर देना
कि, जैसे शाख से टूटा हुआ
एक खुश्क सा बूटा

ना मुड़ कर पैर धरना
फिर कभी उन सोज़ राहों पर
ना जिनकी मंज़िलें रेशम
ना जिनका रास्ता छोटा

ना ढूंढूं मैं कभी तुमको
ना तुम मेरा पता रखना

जो गुज़रा खूबसूरत था
उसे दिल में अबद रखना

अधूरी इस तिश्नगी का
कहीं कोई निशाँ ना हो
मुक्कमल से लगें हमतुम
कोई अब राब्ता ना हो

चलो,
एक बार फिर यूँ
अजनबी बन जाएं
हमदोनो...

13. नूर तेरा

है ऐसा नूर कुछ तुझमें
कि मेरी गुफ्तगू में बस
तेरा ही ज़िक्र रहता है

ज़ुबाँ खामोश हो जिस पल
निगाहें बोल पड़ती हैं

जो पलकों की गिरा चिलमन
निगाहें बन्द भी कर लूँ
मेरी साँसों की हर धड़कन
तेरा ही नाम लेती है

ना थकती है, ना रुकती है
तेरी,यादों की परछाई
है ऐसी आब कुछ तुझमें
की मेरे आप में भी
बस तेरा ही अत्र बहता है

की,मेरी गुफ़्तगू में बस
तेरा ही ज़िक्र रहता है...

14. धरती-अम्बर

दूर जहाँ धरती और अम्बर
एक दूजे को बाहों में भर
गले लगाने को व्याकुल हैं
उसी छोर पर तुम आ जाना
मैं धरती सी वहीं खड़ी हूँ
तुम नीला अम्बर बन जाना...

मेरा ये कहना सुनना तुम
अम्बर सा ही स्थिर रहना तुम
दुर्गम राहें आड़े हों तो
मन विचलित कर खो मत जाना
मैं धरती सी वहीं खड़ी हूँ
तुम नीला अम्बर बन जाना...

तुम से मिलने को आकुल
मैं राह तुम्हारी देख रही हूँ
अस्त व्यस्त सा पाओ मुझको
तो मेरा दर्पण बन जाना
मैं धरती सी वहीं खड़ी हूँ
तुम नीला अम्बर बन जाना...

सुलझा देना उलझे गेसू
वेणी में गजरा बंधवाना

पहना देना चाँद का बाला
चुनर सितारों की ओढ़ाना
मैं धरती सी वहीं खड़ी हूँ
तुम नीला अम्बर बन जाना...

15. प्रतीक्षा

अधर थके ना
उन्हें बुलाते
थके ना ये मन
प्रीत लगाए
बोल थके ना
विरह गाते
नयन थके ना
आस लगाए...

इन्तज़ार में
थके ना सावन
ठहरा सा है
पलक बिछाए
वेणी का गजरा
महका सा
मन मयूर से
नृत्य कराए...

जुगनू चमक रहे
आँगन में
तारों की बारात सजाये
थकी ना,
बहती रही बयारें

जाने किस पल
साजन आएँ...

16. आवाज़ मुझे देते हो क्या?

तुम,
 सपने देखा करते हो क्या,
 खुली हुई इन आँखों से

क्या सुन पाते हो खामोशी?

आवाज़ मुझे देते हो क्या,
भीतर पसरी तन्हाई से
क्या दोहराते हो गुज़रे पल
वो रेशम और नरमाई से

क्या गीत सुनाया करते हो
तुम फूलों और बहारों को
अब भी हर्षाया करते हो
जब देखो चाँद सितारों को

क्या सुनकर मेरा नाम कहीं
अब भी धड़कन बढ़ जाती है
क्या छूते हो उन लम्हों को
जब याद वहाँ ले जाती है

तुम मुस्का कर झूठा-मूठा
क्या अब भी दर्द छिपाते हो
क्या भरमाते हो सपनों से जो

खुली आँख में पाते हो...

आवाज़ मुझे देते हो क्या
भीतर पसरी तन्हाई से,
क्या दोहराते हो गुज़रे पल,
वो रेशम और नरमाई से?

17. मित्र

मित्र,
सदा तुम ऐसे रहना!

साथ मेरे हँसते- खिलते से
मधुर सफर में चलते रहना
दूरी हो मीलों की चाहे
मन में कोई अन्तर ना हो
सारे अनुभव खट्टे-मीठे
मुक्त हृदय से कहते करना...

तन-मन मेरा पीड़ित हो तो
आँखों के आँसू चुन लेना
सुनकर मेरी उलझन सारी
मुस्का कर कुछ समझा देना
हर पल रहना साथ मेरे तुम
हाथ थाम कर हिम्मत देना...

मित्र,
सदा तुम ऐसे रहना!

तुम पर गर आजमाइश आये
जीवन कुछ फरमाईश लाये
पल भर भी संकोच न करना
कह देना सारी दुविधाएं

हृदय खोल मन हल्का करना,
एक दूजे का सम्बल बन कर
राह बनाएँगे हम मिलकर...

सुख-दुख का यह बन्द पिटारा
धूप-छाँव सा जीवन सारा
पल-पल, क्षण-क्षण बीत रहा है
धीरे-धीरे रीत रहा है
आशाओं के रंग लगाकर
सपनों को कुछ पंख लगा कर
जीवन के अंतिम पहरों तक
साथ मेरे तुम उड़ते रहना...

मित्र,
सदा तुम ऐसे रहना!

18. जब कोई नहीं देखता

एक सुबह आईने
से पूछा,
जब कोई नहीं देखता
तब कौन हूं मैं ?
प्रश्न पर मेरे
आईना खामोशी से देखता रहा मुझे
और मैं अपने में उतरती गई...

जब कोई नहीं देखता
तब मैं
मैं होती हूं
अपने खयालों में,
नितान्त मैं
जहां, अपनी राहें खुद चुनीं,
चली,
कुछ अनछुए रस्तों पर
जहां मंजिल का पता नहीं
पर हर मोड़ पर,
खुद को थोड़ा
और अधिक पहचाना
कभी खामोशियों में
सब जवाब मिले
कभी शोर में भी,
खालीपन दिखा।

कभी- कभी
एकाकी होना ही
सबसे गहरा साथ होता है।

हर प्रश्न का जवाब
देता है वो
शब्दों से नहीं
खामोशी से बात करता है।
अपने भीतर झांका
तो जाना
हर मुस्कान के पीछे,
एक चुप्पी,
छिप कर बैठी है,
"किसी ने" पूछा नहीं, "कैसी हो?"
और मैने भी कहना छोड़ दिया।

जब कोई नहीं देखता
तब मैं
मैं होती हूं
अपनी उम्र से परे,
नितान्त मैं
खुद को कुछ और जानने।

अपने साथ एकाकी,
उस सफर पर
जहां किसी का

न होना अधूरापन नहीं
बल्कि साथ है
पीछे छूट गए
अनसुलझे सवालों का
कुछ जवाब बन गए,
कुछ अधूरे रह गए
किसी मुलाकात की तरह,
अधूरे पर सच्चे।

19. कुछ यूँ भी हो सकता है क्या

कुछ यूँ भी हो सकता है क्या
हम एक दूजे के साथ हों बस

कोई नाम ना, हो पहचान कोई
हम रूहों के एहसास हों बस

कस्मों- वादों की फिक्र न हो
रस्मों- रिवाज़ का ज़िक्र न हो

बन कर एक दूजे का सम्बल
हम लम्हा-लम्हा प्यार हों बस

कुछ यूँ भी हो सकता है क्या...

ना उम्र का हो बन्धन कोई
ना सपनों की सीमा रेखा

हम मिट्टी पर पहली बारिश की
सोंधी सी खुशबू से हों

और फूलों पर नरमाई सी
हल्की ठण्डी कुछ ओस से हों

पलकों पर ढलती शामें हों

होठों पर नर्म उजाले हों

जो खामोशी भी सुन पाए
वो जज़्बाती अल्फ़ाज़ हों बस

कोई नाम न हो पहचान कोई
हम रूहों के एहसास हों बस

कुछ यूँ भी हो सकता है क्या...

20. वो हर पाल मुझमें रहते हैं

मेरे लफ्जों की आदत है
ज़रा पर्दों में रहने की
वो अक्सर चुप ही रहते हैं
पड़े रहते हैं कुछ पन्ने
लिखे आधे अधूरे से
मेरे लफ़्ज़ों की आदत है
वो कुछ बिखरे से रहते हैं
वो तस्वीरें जो मैंने कई दफा
कमरे में टांगी हैं
मेरे लफ़्ज़ों की आदत है
वो इनमें छिप के रहते हैं
मुझे कहते हैं चुपके से
कदम धीरे बढ़ाना तुम
मेरे लफ़्ज़ों की आदत है
वो हर पल मुझमें रहते हैं।

21. तेरे बिन

खामोशी में डूबे हुए
लम्हे सा गुज़रता है
ये वक़्त ठिठकता सा
हिचकता सा गुज़रता है
आँखों में गए वक़्त की
तस्वीर उभरती है
कानों में तेरी नज़्म का
संगीत गुजरता है
गालों पे यों कचनार की
कलियाँ सी चटकती हैं
जब दिल से कुछ लम्हों का
एहसास गुज़रता है
एक डूबते उभरते
यादों के समन्दर पे
कागज़ की कश्तियों सा
एक ख्वाब उभरता है
यूँ इक तेरी आहट को
टटोलता हुआ सा,
दिन रात मेरे दिल से
तूफ़ान गुज़रता है।

22. जरा सा टूट जाने दो New Poem

ज़रा सा टूट जाने दो
ये सन्नाटा भरम का
बिखर जाने दो
पत्थर सी वो मिट्टी
जो यूं ही जकड़े बैठी है
सभी सूखी सी डालें,
हटा कर तिनका तिनका
कंकड़ों सी चुभती खामोशी
ज़रा सा चटक जाने दो
ये खालीपन वहम का,
ज़रा सा टूट जाने दो
ये सन्नाटा भरम का

न जाने कब से
इस खिड़की की सिल पर
रख ये छोड़ा है,
अहम से, बेमुर्रवत, बेरुखी से
इसको जोड़ा है,
कहीं गहरी दरारें पड़ ना जाएं
बोझ से इसके,
ज़रा सरका के तो देखो
ये गुलदस्ता अहम का,
ज़रा सा टूट जाने दो

ये सन्नाटा भरम का

सुर्ख कलियां नई उम्मीद लेकर
महक उठने दो
दूर गुमसुम सी बैठी तितलियों को
बहक उठने दो
करने दो नया गुंजार
भंवरों को, बहारों को
लौट कर मुड़ ना जाए
कारवां फिर से बहारों का
ज़रा महका के तो देखो
ये गुलिस्तान सहन का

बिखर जाने दो
पत्थर सी वो मिट्टी
हटा कर तिनका तिनका
कंकड़ों सी चुभती खामोशी
ज़रा सा चटक जाने दो
ये खालीपन वहम का,
ज़रा सा टूट जाने दो
ये सन्नाटा भरम का ।

23. उड़ कर देखो

रुक गये कदम हों, तो
ख्वाबों को मुड़ कर देखो
चलना दस्तूर है
चल कर नहीं, उड़ कर देखो

पंख फैलाओ वहाँ
जहाँ कदम ठहर जाएँ
बन्द पलकों से
बादलों पर उतर कर देखो

चलना दस्तूर है
चल कर नहीं, उड़ कर देखो

सँजो के रखी हुई
सारी रेशमी घड़ियाँ
वो गुज़रे वक़्त का हर लम्हा
पहन कर देखो

रात भी लाएगी
चाँद और सितारों की चमक
ढ़लते सूरज की रौशनी में
उभर कर देखो

चलना दस्तूर है

चल कर नहीं, उड़ कर देखो

जो टूट जाये
अनायास कोई तार कहीं
उसके बिखरे हुए
कोनों को मिला कर देखो

दिलों में धड़कनों सा
गीत बन के गाते रहो
नए अंदाज से ये
साज़ बजा कर देखो

चलना दस्तूर है
चल कर नहीं, उड़ कर देखो

बन्द पलकों से
बादलों पर उतर कर देखो...

24. New Poem

25. New Poem

www.ingramcontent.com/pod-product-compliance
Lightning Source LLC
La Vergne TN
LVHW050820051026
849532LV00008B/3033